BEI GRIN MACHT SICH IHR WISSEN BEZAHLT

AF136445

- Wir veröffentlichen Ihre Hausarbeit,
  Bachelor- und Masterarbeit

- Ihr eigenes eBook und Buch -
  weltweit in allen wichtigen Shops

- Verdienen Sie an jedem Verkauf

Jetzt bei www.GRIN.com hochladen und kostenlos publizieren

Umweltästhetik. Das Verhältnis von Menschen zur Natur

Aaron Fellbaum

Bibliografische Information der Deutschen Nationalbibliothek:

Die Deutsche Nationalbibliothek verzeichnet diese Publikation in der Deutschen Nationalbibliografie; detaillierte bibliografische Daten sind im Internet über http://dnb.d-nb.de abrufbar.

ISBN: 9783346556905
Dieses Buch ist auch als E-Book erhältlich.

Druck und Bindung: Books on Demand GmbH, Norderstedt Germany
Gedruckt auf säurefreiem Papier aus verantwortungsvollen Quellen

Das vorliegende Werk wurde sorgfältig erarbeitet. Dennoch übernehmen Autoren und Verlag für die Richtigkeit von Angaben, Hinweisen, Links und Ratschlägen sowie eventuelle Druckfehler keine Haftung.

Das Buch bei GRIN: https://www.grin.com/document/1152376

ÄSTHETIK_
DER_UMWELT

Aaron Fellbaum

„Carpe Diem."

1. Vorwort:

Die circa um 1750 n. Chr. von A. G. Baumgarten geschaffene

Disziplin der Ästhetik räumt dem schönen Denken einen

eigenen Platz unter den Erkenntnisvermögen ein. Im Jahre 1758

n. Chr. erschien ein Werk Baumgartens, das als erstes den Titel

„Aesthetica" trug (abgeleitet vom Griechischen „Aisthetike"

oder in griechischen Buchstaben „αισθητικη"). Ästhetisches

Erkennen ist hier eine auf Sinnlichkeit angewiesene Erkenntnis

(Lateinisch gesprochen eine „cognitio sensitiva"). Unter

Sinnlichkeit der Wahrnehmung verstand man lange die mit den

Sinnen wahrnehmbare Kunst. Die Ästhetik war somit eine

Ästhetik der Kunst. Es galt den Sinn und die Bedeutung der

Regeln der Kunst zu erklären und einleuchtend zu machen.[1] _

Damit vergaßen die Menschen im Laufe der Zeit jedoch,

daß Gott als Schöpfer der Welt auch oberster Künstler ist - die

Schöpfung ist tatsächlich als Kunstwerk zu betrachten. Wenn

man von Menschen als Kunstbeurteilern spricht, so muß das

also richtig verstanden werden. Die Schöpfung als Ganzheit ist

das Kunstwerk. In diesem Sinne läßt sich die Tendenz hin zum

ökologischen Denken und zu den neuen (ökozentrischen,

biozentrischen oder menschenorientierten) ökologischen und

philosophischen Ansätzen bzw. hin zu einer zeitgemäßen

---

[1] *Siehe G.W.F. Hegels (1770-1831 n. Chr.) Beschreibung des Aufgabenfeldes der Ästhetik als Kunstästhetik in seinen Vorlesungen zur Ästhetik.*

sogenannten „Environmental Philosophy" verstehen, die das gesamte Ökosystem als den Gegenstand der philosophischen Reflexion betrachtet.

Das Verhältnis des Menschen zur Natur und darüberhinaus auch zu anderen (teilweise künstlich geschaffenen, teilweise aus menschlichen Verhältnissen und Zusammenhängen bestehenden) Umwelten muß daher neu durchdacht werden. Einen Beitrag dazu soll die in unserem Zeitalter neue Disziplin der Ästhetik der Umwelt (Engl.: „Environmental Aesthetics") liefern.[2] Die Umwelten des Menschen, die ihn umgeben, müssen distanziert reflektiert werden, eben ästhetisch betrachtet werden. Das muß immer ausgehend von dem Horizont, den der Mensch sich in seiner Auseinandersetzung mit der Natur bereits erworben hat, geschehen. Nichts von dem Wissen über die Natur, das wir seit der Antike sammeln, ist dabei verloren. Und dennoch muß der Mensch reflektierend hinter seine vorgefaßten Begriffe und Naturbestimmungen zurücktreten und die Schönheit der Schöpfung Gottes betrachten, seinen eigenen Platz in dieser Schöpfung wahrnehmen und dann noch den Horizont seines rechtfertigbaren Handelns in diesem durch Reflexion gewonnenen Rahmen selbst festlegen. Ästhetische, reflektierende Betrachtung wird so zu einem Fundament der Ethik, die sich bekanntlich mit der Frage nach dem richtigen Handeln befaßt. Erst ästhetisch über den Umgang mit der Natur reflektierend kann man vom Menschen als einem vernunftbegabten Wesen, einem animal rationale, im eigentliche und gänzlich verständlichen Sinne sprechen.

---

[2] *Zu den wenigen Gründungsvätern dieser neuen Disziplin zählen Prof. Arnold Berleant und Prof. Allen Carlson.*

Inhalt

2. ERSTER TEIL

Unsere Umwelt, sie ist schön!

Aus dem benediktinischen Gesang

des Gottesdienstes in der Nacht.

„Herr, öffne meine Lippen, damit mein Mund Dein Lob

verkünde." (Regula Benedicti, aus Abschnitt 9. In: [10], 117).

(Lateinischer Urtext, wieder abgedruckt in [10], 116:

„Domine, labia mea aperies et os meum adnuntiabit laudem

tuam.")

Vetus Testamentum

Schon das Alte Testament gibt der Natur und der Schöpfung in ihrer

Ganzheit eine besondere Würde.

Der Genesisbericht:

Im Anfang schuf Gott Himmel und Erde; die Erde aber war

wüst und wirr, Finsternis lag über der Urflut und Gottes Geist

schwebte über dem Wasser.

Gott sprach: Es werde Licht. Und es wurde Licht. Gott sah,

dass das Licht gut war. Gott schied das Licht von der Finsternis

und Gott nannte das Licht Tag und die Finsternis nannte er

Nacht. Es wurde Abend und es wurde Morgen: erster Tag. Gen.

1.1-1.5.

Gen. 1.1-1.5 im Latein der Vulgata:

In principio creavit Deus caelum et terram. terra autem erat

inanis et vacua, et tenebrae erant super faciem abyssi, et

Spiritus Dei ferebatur super aquas.

dixitque Deus, 'fiat lux', et facta est lux. et vidit Deus

lucem quod esset bona: et divisit lucem a tenebris.

appellavitque lucem Diem, et tenebras Noctem: factumque

est vespere et mane, dies unus.[3]

„Respicite volatilia caeli, quoniam non serunt

neque metunt neque congregant in horrea, et

Pater vester caelestis pascit illa" Mt. 6.26.

---

[3] *In: Sidwell , K. und Jones, P.V.: Reading Latin. Grammar, vocabulary and exercises. Cambridge, UK.: Cambridge University Press, 1987, 351.*

Novum Testamentum

Das Neue Testament ruft zu einer reflektierten und distanzierten Haltung gegenüber der Natur auf.

Seht euch die Vögel des Himmels an: Sie säen nicht, sie ernten nicht und sammeln keine Vorräte in Scheunen; euer himmlischer Vater ernährt sie. Seid ihr nicht viel mehr wert als sie? Wer von euch kann mit all seiner Sorge sein Leben auch nur um eine kleine Zeitspanne verlängern? Und was sorgt ihr euch um eure Kleidung? Lernt von den Lilien, die auf dem Feld wachsen. Sie arbeiten nicht und spinnen nicht. Doch ich sage euch: Selbst Salomo war in all seiner Pracht nicht gekleidet wie eine von ihnen. Mt. 6.26 ff (Die Bibel. Deutschsprachige Einheitsübersetzung.)

Mt. 6.26 ff im Latein der Vulgata (Novum Testamentum Latine):

Respicite volatilia caeli, quoniam non serunt neque metunt neque congregant in horrea, et Pater vester caelestis pascit illa. Nonne vos magis pluris estis illis? Quis autem vestrum cogitans potest adicere ad aetatem suam cubitum unum? Et de vestimento quid solliciti estis? Considerate lilia agri quomodo crescunt: non laborant neque nent. Dico autem vobis quoniam nec Salomon in omni gloria sua coopertus est sicut unum ex istis."

Martin Buber (1878-1965 n. Chr.), ein jüdischer Spiritualist und Bibelübersetzer, schrieb über den Menschen als einem Begegnungswesen:

„Nur am Menschen ist „der Allheit ein Wesen entsprungen […], begabt und befugt, sie [,d.h. die Allheit,] als Welt von sich abzusetzen und sie sich zum Gegenüber zu machen."

In: Buber, M.: Werke. München u. Heidelberg: Kösel u. Schneider, 1962-64, Bd. 1, 415.

Martin Buber sprach über Gott: „Man findet Gott nicht, wenn man in der Welt bleibt, man findet Gott nicht, wenn man aus der Welt geht. Wer mit dem ganzen Wesen zu seinem Du [, d.h. seinem Gegenüber,] ausgeht und alles Weltwesen ihm zuträgt, findet ihn, den man nicht suchen kann."

In: Buber, M.: Ich und Du. Heidelberg: Schneider, 1983, 95.

Der Genesisbericht (Fortsetzung):

Dann sprach Gott: Das Wasser wimmle von lebendigen Wesen
und Vögel sollen über dem Land am Himmelsgewölbe
dahinfliegen. Gott schuf alle Arten von großen Seetieren und
anderen Lebewesen, von denen das Wasser wimmelte, und alle
Arten von gefiederten Vögeln. Gott sah, dass es gut war. Gen.
1.20-21

Gen. 1.20-21 im Latein der Vulgata:

dixit etiam Deus, 'producant aquae reptile animae viventis et volatile
super terram sub firmamento caeli.' creavitque Deus cete grandia, et
omnem animam viventem atque motabilem, quam produxerant aquae
in species suas, et omne volatile secundum genus suum. et vidit Deus
quod esset bonum. In: Sidwell , K. und Jones, P.V.: Reading Latin. Grammar,
vocabulary and exercises. Cambridge, UK,: Cambridge University Press, 1987 , 351.

Gen. 1.20 im Latein der Vulgata:

dixit etiam Deus, 'producant aquae reptile animae viventis et
volatile super terram sub firmamento caeli.' In: Sidwell , K. und Jones, P.V.:
Reading Latin. Grammar, vocabulary and exercises. Cambridge, UK,: Cambridge University
Press, 1987 , 351.

Jesus handhabt die Natur, das Kunstwerk
Gottes:

Plötzlich brach auf dem See ein gewaltiger Sturm los, sodass
das Boot von den Wellen überflutet wurde. Jesus aber schlief.
Da traten die Jünger zu ihm und weckten ihn; sie riefen: Herr,
rette uns, wir gehen zugrunde! Er sagte zu ihnen: Warum habt
ihr solche Angst, ihr Kleingläubigen? Dann stand er auf, drohte
den Winden und dem See und es trat völlige Stille ein. Die
Leute aber staunten und sagten: Was ist das für ein Mensch,
dass ihm sogar die Winde und der See gehorchen? Mt. 8.24-27.

Mt. 8.24-27 im Latein der Vulgata (Novum Testamentum
Latine):

Et ecce motus magnus factus est in mari, ita ut navicula
operiretur fluctibus; ipse vero dormiebat. Et accesserunt et
suscitaverunt eum dicentes: "Domine, salva nos, perimus!" Et
dicit eis: "Quid timidi estis, modicae fidei?" Tunc surgens
increpavit ventis et mari, et facta est tranquillitas magna.
Porro homines mirati sunt dicentes: "Qualis est hic, quia et
venti et mare oboediunt ei?".

Allen aber, die ihn aufnahmen, gab er Macht Kinder Gottes zu werden, allen, die an seinen Namen glauben, die nicht aus dem Blut, nicht aus dem Willen des Fleisches, nicht aus dem Willen des Mannes, sondern aus Gott geboren sind. Joh. 1.12-13.

Joh. 1.12-1.13 im Latein der Vulgata (Novum Testamentum Latine):

Quotquot autem acceperunt eum, dedit eis potestatem filios Dei fieri, his, qui credunt in nomine eius, qui non ex sanguinibus neque ex voluntate carnis neque ex voluntate viri, sed ex Deo nati sunt.

Der in Wien geborene Martin Buber spricht von Gott und Welt als einem ursprünglichen Gegenüber des Menschen, er spricht von der „Duwelt", die einem begegnet.

Auch der Buddhismus reflektiert die wichtige Harmonie zwischen ursprünglich belassener Natur und der Innenwelt des religiösen Menschen. Daß die Struktur der natürlichen Außenwelt der Struktur der menschlichen Innenwelt nichts Fremdes ist, ist von großer Bedeutung.

„Laß deinen Geist still werden wie einen Teich

im Wald. Er soll klar werden, wie Wasser, das

von den Bergen fließt."

Buddha: In: 365 Lichtblicke für die Seele. Augsburg: Weltbild, 2011, 473.

„Der Buddhist glaubt nicht an eine unabhängig oder getrennt

existierende äußere Welt, in deren dynamische Kräfte er sich

hineinprojizieren könnte. Die äußere Welt und seine innere

Welt sind für ihn nur zwei Seiten desselben Gewebes, in dem

die Fäden aller Kräfte und aller Ereignisse, aller Formen des

Bewußtseins und ihrer Objekte zu einem unauflöslichen Netz

von endlosen, sich gegenseitig beeinflussenden

Zusammenhängen verwoben sind."[4]

[4] In: Govinda, Lama A.: Foundations of Tibetan Mysticism. London: Rider, 1983, 93. Dt. Übers. zitiert in Capra, Fritjof: Das Tao der Physik. Die Konvergenz von westlicher Wissenschaft und östlicher Philosophie. München: Knaur, 1983, 143.

3. ZWEITER TEIL

Vorschläge für eine zeitgemäße

Umweltphilosophie

Ökologisch orientierte Denker des späten 20. Jahrhunderts
hielten die unbedachte Instrumentalisierung der Natur und ihrer
Resourcen zu den vermeintlich offensichtlichen Zwecken der
Ausbeutung durch den Menschen für einen Fehler.

Der Gegenwartsphilosoph Vittorio Hösle hat auf die
Tragweite des Fehlers in der Haltung des Menschen gegenüber
der Natur seit dem Ausgang des Mittelalters aufmerksam
gemacht. Er führt den Fehler auf die damalige Verbreitung
eines Menschenbildes zurück, das den selbstbewußten
Menschen von allen anderen Seinsweisen, und insbesondere
von der Natur und von Gott, wie auch von der Gemeinschaft,
immer mehr isoliert. 1994 schreibt er davon, daß es dem
Menschen nun gelingt seine Subjektivität „immer radikaler aus
der Welt herauszureflektieren":

„In gewissem Sinne läßt sich Descartes [Renatus Descartes,
1596-1650 n. Chr.] als der Höhepunkt der im Wesen des
Menschen angelegten Entwicklung verstehen, die
Subjektivität immer radikaler aus der Welt
herauszureflektieren. Mit Descartes gelingt es der
Subjektivität, sich in einer Weise zu verabsolutieren, die
weltgeschichtlich einmalig ist. Daß sich die Subjektivität
zum archimedeischen Punkt der Welt macht, hat zur
notwendigen Folge die Abwertung der drei anderen
Sphären des Seins: Gottes, der Natur, der intersubjektiven
Welt." Hösle, V.: Philosophie der ökologischen Krise.
München: C.H. Beck, 1994, 53.

Der kanadische Philosoph Allen Carlson spricht schon am Ende des 20. Jahrhunderts von einer neuen Denkrichtung und philosophischen Disziplin in der wir mit neuen Augen, also distanziert, reflektierend und möglichst vorurteilsfrei (Engl.: „disinterested") unserer Umwelt gegenübertreten, sie betrachten. Und das tun wir bevor wir handelnd in die Naturvorgänge eingreifen. Er spricht von einer neuen Ästhetik der Umwelt, von einer „Environmental Aesthetics", als einem Hauptgebiet der Ästhetik (Siehe [4] und [5]). Das steht im Gegensatz zum traditionellen Verständnis von Ästhetik als einer Ästhetik der Kunst.

Näherhin müsse man die gegenwärtigen Ansätze in zwei Lager teilen: Die eine Gruppe von Theoretikern beschäftigen sich mit der grundlegenden geistigen Haltung gegenüber der Umwelt des Menschen (Kontemplation). Dieses Lager wird das Lager der kognitiven Ansätze der neuen Disziplin genannt und ihm wird der Vorwurf nicht erspart bleiben, daß es sich mit den materiellen Naturgegenständen selbst als Referenzgegenständen eigentlich gar nicht beschäftigt, sondern nur damit, wie die Umwelt auf den menschlichen Geist wirkt.

Die andere Gruppe von Theoretikern beschäftigt sich mit der begriffsformenden Kraft der menschlichen Auseinandersetzung mit der tatsächlichen Umwelt des Menschen (Nichtkontemplativum). Die Interaktion mit den Umwelten wird hier sowohl als ontologisches Fundament, wie auch als Erklärungsgrund für die Sichtweisen dieses zweiten

Lagers der umweltästhetischen Ansätze herangezogen. Allen Carlson nennt es das Lager der „Engagement Views" oder auch der „Non-cognitive Views".

(1) Es folgt eine Bemerkung zu den interaktiven Ansätzen („Engagement Views") oder auch sogenannten nichtkognitiven Ansätzen:

Die ontologischen Gegebenheiten sind nun einmal ihrem Wesen nach keine Axiome in dem Sinne von mathematischen Prinzipien für Ableitungen. In Professor Arnold Berleants Begrifflichkeit bedeutet ästhetische Interaktion das Primat der Praxis in der Suche nach dem ursprünglichen kausalen Zusammenhang zwischen Mensch und Natur, also eine Vorrangstellung der Mensch-Umwelt Interaktion vor der reinen Kontemplation. Diese Vorrangstellung der Praxis bedeutet auch eine Mäßigung der Selbstbezogenheit des Subjekts. Subjektivität als eine Konzeptionalisierung seines Selbst erzeugt tatsächlich oft eine Täuschung in der Selbstwahrnehmung, nämlich einen übertriebenen Egozentrismus. Wie die verschiedenen Umwelten Menschen als Bewußtseinsträgern erscheinen hängt ja nicht von unseren geistig erschaffenen Begrifflichkeiten ab. Der vorrationale

Zugriff auf Gegenstände ermöglicht vielmehr erst

Begriffsbildung und unsere Konzeptualisierung objektiver

Wirklichkeit.

(2) Es folgen noch einige Bemerkungen zu den

tatsächlich weit verbreiteten kognitiven

Ansätzen („Cognitive Views"), die für die

neue Disziplin vermutlich weniger zu

gebrauchen sind:

(2.1): Edward Bulloughs Theorie der psychischen Distanz

(„Psychical Distance Theory").

(2.1.1): Die Theorie der psychischen Distanz.

(2.1.1.1): Im Jahre 1912 publizierte Edward Bullough einen

Aufsatz, in dem er die Bedeutung der psychischen Distanz des

ästhetischen Beobachters für jede ästhetische Theorie

hervorhebt. Dieser Aufsatz, erscheint im British Journal of

Psychology und trug den Titel: „'Psychical Distance' as a

Factor in Art and an Esthetic Principle." Auch George Dickie

zufolge ist psychische Distanz eine unentbehrliche Einstellung

des Beobachters, die er zum Gegenstand der ästhetischen

Beurteilung einnimmt: In einer Besprechung des Aufsatzes

Bulloughs von 1912 spricht Dickie von psychischer Distanz als

„an attitude a spectator takes towards some object". Psychische

Distanz sei dabei nicht die ganze Einstellung (Engl.: „attitude"),
die der Beobachter hat, sondern nur ein notwendiger Teil dieser
Einstellung, wenn es um ästhetische Beurteilung geht.

„Psychological Distance" ist eine wichtige Konzeption, um
in dem Verhältnis von Subjekt und Objekt im ästhetischen
Evaluierungsprozeß den Zugang zu ästhetischen Kriterien auf
der Seite des Subjekts lokalisieren zu können:
„Disinterestedness" ist die Erkenntniszugangsart des
Desinteresses, also der Abwesenheit von partikularen
Absichten, am Gegenstand ästhetischer Beurteilung. Immanuel
Kant gilt als der Hauptvertreter der „Theory of
Disinterestedness" in der ästhetischen Theorie. Die psychische
Distanz wird bei ihm auf radikale Weise dadurch hergestellt,
daß das Urteil über das Schöne selbst nicht vom Gegenstand des
ästhetischen Urteils abhängt, sondern ein Produkt kognitiver
Prozesse ist. Die Gegenstände, die ästhetisches Gefühl (für Kant
also Lustgefühl) auslösen, sind demnach Gegenstände innerer
Wahrnehmung, entspringen also ausschließlich der Aktivität der
eigenen Gehirnvorgänge, unabhängig von der Gegenwart
(Existenz) oder dem Fehlen des Gegenstandes der
Kunstbeurteilung. Sie könnten also auch unmögliche
Gegenstände (nur vorgestellte Gegenstände) sein, wie der
Meinongsche „goldene Berg", der zwar vorstellbar ist, aber kein
Gegenstand mit Existenz sein kann.[5]

---

[5] *Die Problematik des daraus folgenden Psychologismusvorwurfes gegen Alexius Meinong ist in der
Onlinepublikation der Universitätsbibliothek Tübingen über „Kant und Meinong über das Wesen der
Mathematik" von mir jüngst besprochen worden, (http://tobias-lib.uni-
tuebingen.de/volltext/2012/6265/)*

(2.2): Kants „Theory of Disinterestedness" als eine Theorie
der psychischen Distanz („Aesthetic Attitude Theory").
Objektive oder subjektive Kriterien der Geschmacksurteile?

(2.2.1): Die Gegner Kants: Anthony A. Shaftesbury
entwickelte eine Theorie, gemäß der die Schönheit von
Gegenständen von Naturgegenstandseigenschaften abgeleitet
werden muß. Eine immer wieder notwendige Korrektur des
Geschmacks (Engl. „a reformation of taste"), die einer
möglichen Täuschung der Einbildung vorbeugt oder dieselbe
verhindert, kann nur durch die Bezugnahme auf die
Naturgegenstände selbst geleistet werden. Shaftesbury nennt
diese Korrekturinstanz das Naturkorrektiv, d.h. „the just
standard of nature":

Engl. Orig: „Whatever philosopher, critic, or author is
convinced of this prerogative of nature, will easily be
persuaded to apply himself to the great work of reforming
his taste, which he will have reason to suspect, if he be not
such a one as has deliberately endeavoured to frame it by
the just standard of nature."[6]

Dieser britischen Tradition der Kriterienfindung für Schönheit
in der Natur selbst folgend vernachlässigt auch der britische
Empirist John Locke das wahrnehmende Subjekt, weil auch für
Locke Wahrnehmung nur als ein passives Aufnehmen denkbar
ist. John Locke sagt in seinem Essay: „[Perception is] [...] for
the most part, only passive." Geschmackseindrücke und

---

[6] *Shaftesbury, Anthony: 1963 [1.1711]. Characteristics of Men, Manners, Opinions, Times etc.*
Gloucester: Peter Smith Publishing, 228.

Gerüche sind für Locke aus einfachen Ideen zusammengesetzt, die durch die Sinneseindrücke aufgenommen und vom Verstand verarbeitet werden.

Befürworter Kants: Der Standard an dem Schönheit gemessen wird kann aber auch in der Subjektivität selbst lokalisiert werden. So sagt man zum Beispiel von Immanuel Kant selbst auch, daß seine "Aesthetic Attitude Theory" durch eine Subjektivierung des Gegenstandes von Geschmacksurteilen auffällt. So kommentiert G. Dickie, daß in Kants Erkenntnislehre zwar die Form von der Fähigkeit zur Sinneswahrnehmung abgeleitet wird, daß aber die reflexive Erkenntnis dieser Form vom Erkenntnissubjekt, d.h. vom Verstand des Subjekts als Träger der Sinnlichkeit, abhängt:

Engl. Orig.: „[For Kant] [f]orm derives from Sensibility, the faculty of the mind which gives experience its spatial and temporal relations. The form of the form of purpose, therefore, derives from a faculty of the subject's mind and is subjective in that it depends upon the subject."[7]

Es ist wahrscheinlich, daß die Bedeutung von Subjektivität bei der Kriterienfindung für ästhetische Urteile nicht nur von Kant, sondern in seiner Zeit auch von Edmund Burke anerkannt wurde. Ausdrücklich faßt Edmund Burke in A Philosophical Enquiry sein Vorhaben der Kriterienfindung für ästhetische Urteile in die folgenden Worte:

---

[7] *Dickie, George: 1973. „Taste and Attitude: the Origin of the Aesthetic". In: Theoria 39, 165.*

Engl. Orig.: „[...] my point [...] is to find whether there are any principles, on which the imagination is affected, so common to all, so grounded and certain, as to supply the means of reasoning satisfactorily about them."[8]

Allgemeine Kriterien oder erste Prinzipien müssen demnach erst gesucht werden, nach denen der schöne Gegenstand vom ästhetisch uninteressanten oder nichtschönen Gegenstand unterschieden werden kann. Es bleibt dabei eine Überzeugung von beiden, Edmund Burke und Immanuel Kant, daß der ästhetische Wert der Schönheit nicht durch ausgezeichnete „ästhetische" Qualitäten des Gegenstands selbst des Geschmacksurteils beigebracht oder erklärt werden kann. Diese subjektivistische Neuentwicklung, in der die ästhetische Qualität unabhängig von den schönen Eigenschaften der natürlichen Gegenstände festgestellt wird, ist in Kants Transzendentalphilosophie sehr ausgeprägt darstellbar. Die Darstellung und Diskussion dieser Neuentwicklung, also eine kritische Betrachtung von Kants „Aesthetic Attitude Theory", muß jedoch in den folgenden Ausführungen erst andeutungsweise geleistet werden.

(2.2.2): George Dickies Theorie einer Subjektivierung des Gegenstandes von Geschmacksurteilen.

(2.2.2.1): Auch wenn Kant tatsächlich ein „Aesthetic Attitude Theorist" ist, muß die Natur dennoch als von empirischen Gesetzen geleitet vorgestellt werden. Wie kann aber dann der

---

[8] *Burke, Edmund: 1970 [1.1757]. A Philosophical Enquiry into the Origin of our Ideas of the Sublime and Beautiful. Menston: The Scolar Press, 6.*

Gegenstand des Geschmackes „subjektiv" sein? Wir müssen zunächst annehmen, daß sich die Subjektivität des Geschmacksurteils auf das an der Natur beschränkt, was für die Naturgesetze zufällig ist. Bestimmtheit kann dann nur in dem gefunden werden, wenn eine Vorstellung die Bedingungen der Möglichkeit der Anwendung von Begriffen in sich schließt. Reflektierende Urteilskraft in der ersten Vernunftkritik Immanuel Kants (Kritik der reinen Vernunft) besagt: Reflektierendes Urteil gibt uns hier eine doxastische (also eine nur begriffliche) Bedingung, unter der die Gegenstandserfüllung der theoretischen und praktischen Denkgesetzlichkeit antizipiert werden kann. Durch reflektierendes Urteil wird der in der Wahrnehmung vorliegende Gegenstand wissenschaftlicher Untersuchung nicht bestimmt werden können. Das wäre die erste überlegte Interpretation des hier bei Burke und Kant vorliegenden ästhetischen Subjektivismus.

(2.2.2.2): Eine zweite Interpretation des hier vorliegenden Subjektivismus geht dahin, daß die Reflexion des ästhetischen Urteils als eine Unabhängigkeit von der Sinnlichkeit und Unabhängigkeit von der sinnlichen Anschauung reinterpretiert wird. Dies ist die Position der dritten Vernunftkritik Kants, der im Jahre 1790 erschienenen Kritik der Urteilskraft. Während in der ersten Vernunftkritik, in der Kritik der reinen Vernunft,

Raum und Zeit notwendig in der Sinnlichkeit lokalisiert werden

(Kant: Kritik der reinen Vernunft, B 60), und damit den

ästhetischen Rahmen abgeben zwar unabhängig davon, welche

Art von sinnlicher Wahrnehmung gemeint ist, so dient das

ästhetische Urteil in der Jahre später verfaßten Kritik der

Urteilskraft einem anderen Zweck. Hier dient uns die

Reflexion einerseits, um uns die Rolle des determinativen

Urteils für die Erfahrung reflektiv verständlich zu machen.

Andererseits dient die Reflexion dazu, das Verhältnis zwischen

Natur und Subjektivität verständlich zu machen.

Nur mit dem letzteren Zweck wird darauf Bezug

genommen, daß die ästhetische Beziehung zu einem

Gegenstand, also ein nur "desinteressiertes" Geschmacksurteil,

nicht diejenige sein kann, die sich auf die Existenz des

Gegenstandes in der Außenwelt richtet. Die Objekthaftigkeit

des Gegenstandes des Geschmacksurteils ist eine solche, die

allgemeine Züge des Schönen verkörpert. Nur diejenigen

Gegenstände sind schön, die als Gegenstände mit universalem

Charakter auftreten können. Wenn wir also absehen von den

wirklichen Gegenstandseigenschaften, so stellen wir

gleichzeitig fest, daß die „Aesthetic Attitude Theory" (und in

erster Linie Kant selbst) voraussetzt, daß Gegenstände als

bestimmte Gegenstandsklassen bereits wahrgenommen werden,

um ihnen einen bestimmten ästhetischen Wert zugestehen zu

können. Hierbei handelt es sich bei den Gegenstandsklassen nur

um Gegenstände möglicher Erfahrung.

(2.2.2.3): Die Kritik der Urteilskraft macht einen ersten Schritt in

Richtung eines radikaleren Subjektivismus. Das Erhabene

verursacht einen daran zu denken, daß die Natur nicht fähig ist,
Ideen, die der Denker hat, darzustellen. Kant sagt in der
Anmerkung des § 29 der Kritik der Urteilskraft:

„Man kann das Erhabene so beschreiben: es ist ein
Gegenstand (der Natur), dessen Vorstellung das Gemüt
bestimmt, sich die Unerreichbarkeit der Natur als
Darstellung von Ideen zu denken."

Die absolute Größe, d.h. das mathematisch Erhabene, kann
nicht durch eine relative Größe, die von den Sinnen geliefert
oder zugebracht wird, dargestellt werden. Das ästhetische Urteil
hält jedoch daran fest, daß der Bezug auf ein geschätztes
Maximum möglich ist. Kant sagt in § 26 der Kritik der
Urteilskraft, daß ein subjektiv beurteiltes Maximum möglich
ist:

„Nun gibt es zwar für die mathematische Größenschätzung
kein Größtes (denn die Macht der Zahlen geht ins
Unendliche), aber für die ästhetische Größenschätzung gibt
es allerdings ein Größtes, und von diesem sage ich, daß
wenn es als absolutes Maß, über das kein größeres
subjektiv (dem beurteilenden Subjekt) möglich sei,
beurteilt wird, es die Idee des Erhabenen bei sich führe und
diejenige Rührung, welche keine mathematische Schätzung
der Größen durch Zahlen (es sei denn, soweit jenes
ästhetische Grundmaß dabei in der Einbildungskraft
lebendig erhalten wird) bewirken kann, hervorbringe;"

Der Referenzgegenstand dieser idealen Größe, dieses subjektive
Maß, kann nicht in der Natur vorgefunden werden. Der

konkrete Referenzgegenstand selbst in der Natur ist epistemisch irrelevant. Des Weiteren muß angemerkt werden, daß Kant auch nicht Bezug nimmt auf das Erhabene als eine „Form" des Naturgegenstandes.

(2.2.2.4): Evaluierung der von George Dickie geübten Kritik an der „Aesthetic Attitude Theory".

George Dickie hat die „Aesthetic Attitude Theory" aus dem Grund abgelehnt, weil Desinteresse nicht eindeutig von anderen Weisen der Aufmerksamkeit unterschieden werden kann. Wie kann es ein Kriterium für ästhetische Relevanz geben, wenn die eigentlichen Gegenstandseigenschaften kein solches Kriterium zur Verfügung stellen? Jerome Stolnitz zufolge war es die Aufmerksamkeitsverstärkung in der Gedankenassoziation, die mit dem Beurteilungsgegenstand auftritt, was dem Gegenstand eine ästhetische Qualität verleihen soll:

Engl. Orig.: „[I]f the association re-enforces the focusing of attention upon the object, by ‚fusing' with the object and thereby giving it added ‚life and significance,' it is genuinely aesthetic."[9]

G. Dickie zufolge besteht eine Inkonsistenz der „Aesthetic Attitude Theory" darin, daß einerseits die ästhetisch-qualifizierende Gedankenassoziation die Aufmerksamkeit und die „Verschmelzung" mit dem gedachten Gegenstand von

---

[9] *Dickie, George: 1977. „All Aesthetic Attitude Theories Fail: the Myth of the Aesthetic Attitude". In: Aesthetics. A Critical Anthology. Hrg. von George Dickie & R. J. Sclafani. New York: St. Martin's Press, 808.*

ästhetischem Wert verlangt. Andererseits muß es sich aber immer noch irgendwie um den wirklichen Gegenstand, also um den Gegenstand in der Wirklichkeit handeln. Die Bedeutung des Kunstwerks kann daher nicht nur auf Interpretation des Erfahrenden beruhen, sie kann nicht nur auf Interpretation überhaupt beruhen.

Um den Anspruch zu evaluieren, daß Kant einen starken Subjektivismus vertreten hat, der von den Varianten des britischen Empirismus verschieden ist, muß man da nicht überprüfen, wie zum externalen Gegenstand Zugang gewonnen wird? Für Kant sind nämlich die Wahrnehmungen zweifelsohne „real", ein starker Subjektivismus kann ausgeschlossen werden. Er wäre nur insofern denkbar und argumentierbar, wenn der „reale" Gegenstand selber nur durch die sinnliche Aufnahme konstituiert werden kann.

(2.2.2.5): Radikalisierter „Subjektivismus"?

Der radikalisierte Subjektivismus wäre eine „Fusion" der theoretischen und praktischen Sphären. Diese transzendental-idealistischen Fusionsversuche sind nachkantisch und inkompatibel mit der „Aesthetic Attitude Theory", die sich nur mit der theoretischen Sphäre befaßt. Friedrich Schillers Überschreitung oder „Fusion" durch die praktische Relevanz des freien Spiels der kognitiven Fähigkeiten zeigt die Möglichkeit eines Wechsels des Inhaltes der Wahrnehmung durch das ästhetische Bewußtsein an. Dies ist jedoch gleichzeitig eine Absage an eine „distanzierte" Beziehung mit dem Kunstgegenstand. Erinnern wir uns, daß schon Stolnitz in seiner Evaluierung der „Aesthetic Attitude" betont hat, daß die ästhetische Bedeutung in der „Oberflächenbedeutung" des Kunstgegenstandes liegt. Diese wird von der Sprache festgelegt.

Insofern ist sie also noch mit einem realistischen Anspruch, wenn auch nur einer „Oberflächenbedeutung" der externalen bzw. äußeren Gegenstände, verbunden.

(2.2.2.6): Eine Schwierigkeit für die „Aesthetic Attitude Theory": Das Primat der Kunst vor der Natur.

(2.2.2.6.1): Es gibt immer eine Analogie zwischen einerseits dem natürlichen Gegenstand, der von der Natur produziert wird und, andererseits, der Vorherrschaft von Design, das auch wie Natur produziert gedacht werden kann.

Das Primat der Kunst wird immer dadurch erhalten, daß der Gegenstand nicht von vornherein (vor seiner Schaffung) mit den Sinnen angeschaut werden kann (wie der vorgegebene Naturgegenstand).[10] Das Primat der Kunst vor der Natur verschafft uns eine Betonung des vorgegebenen Inhalts der Vorstellung. Der Inhalt kann nicht durch den Bezug auf die materialen Gegenstände erschöpft werden, die den Inhalt erzeugend gedacht werden müssen. Vielmehr wird auch ein Bezug auf seine subjektive Form ernötigt. Das Problem des objektiven Inhalts wird von Kants Konzeption von Objektivität nicht berührt. Kants formalistisches Verständnis von

---

[10] *A. Rueger hat die These vertreten, daß für Kant die Schönheit der Kunsterfahrung theoretisch grundlegender ist als die Naturerfahrung. In: Rueger, Alex: 2007. „Kant and the Aesthetics of Nature". In: British Journal of Aesthetics 47 (2), 138-155.*

Objektivität des Inhalts von Kunstwerken bezeuge, daß die
Gegenstände nichts bedeuten, nichts darstellen, kein
Gegenstand unter einen deterministischen Begriff fällt und er
nur freie Schönheit darstellt.

(2.2.2.6.2): In § 45 der Kritik der Urteilskraft sagt Kant, daß die
Natur nur schön ist, wenn sie wie Kunst aussieht. Und Kunst
kann nur schön sein, wenn wir uns bewußt sind, daß sie für uns
wie Natur aussieht. Dieser Anspruch scheint zu bezeugen, daß
Kunst und Natur denselben Status genießen und daß dieses aus
dem Formalismus Kants abgeleitet werden kann. Die
ästhetische Beurteilung von Natur und Kunst hängt vom
harmonischen Spiel zwischen der Einbildung, dem Verstand
und dem Gefühl der ästhetischen Lust ab, das aus dem
Bewußtsein dieses Spiels entsteht. In dieser Weise beschränkt
der Formalismus die Bedeutung, die sonst den Absichten des
Künstlers zukommt. Es kann kein Inhalt von ästhetischem Wert
angegeben werden. Dieser Formalismus, so kann argumentiert
werden, könnte nur zu dem Grade aufrecht erhalten werden, zu
dem der Vernunftzugang zu einem übersinnlichen Urgrund (der
den menschlichen Verstand transzendiert) aufgegeben würde.
Die Vernachlässigung einer strikt teleologischen Interpretation
der Natur als einem Artefakt Gottes kann plausibel gemacht
werden. Der entscheidende Punkt ist hier der, daß Natur hier
nicht nur als Schöpfung verstanden werden kann – also daß es
auch noch andere Aspekte an der Natur gibt als deren
Geschöpflichkeit. Der Gegenstand der wissenschaftlichen
Untersuchung, z.B. die Spezies, und derselbe Gegenstand,
sofern wir eine ästhetische Einstellung zu demselben haben,
müssen sowieso unterschieden werden. Das reflektierende
Urteil gibt uns eine Zwiespältigkeit auf, weil die Sinnlichkeit

uns keinen „gegebenen" materialen Gegenstand vorgibt. Der Gegenstand ästhetischer Beurteilung ist letztlich dennoch ontologisch identisch mit dem Gegenstand der naturwissenschaftlichen Untersuchung (wenn auch nicht ableitbar aus diesem). Ontologische Identität spricht aber nicht unbedingt für verstandesmäßige Erfassung derselben Identität. Es gibt eben Dinge, die der Mensch nicht rational verstehen kann.

(2.2.2.7): Das Erhabene und die „Aesthetic Attitude Theory".

Wenn wir den Begriff des Erhabenen devaluieren, weil er bloß ein Ideal der Natur ist, also eine Fiktion projiziert, dann deutet das auf ein größeres Problem bei Kant hin: Als ein Gegenstand der ästhetischen Auffassung deutet das Erhabene auf den irreduzibel noumenalen Charakter des Gegenstandes ästhetischer Erfahrung hin. Es könnte ja sein, daß die ästhetische Erfahrung gar nichts mit den Naturerscheinungen zu tun hat. Die „Reinheit" des moralischen und ästhetischen Urteils kann nicht eliminiert werden, aber es kann argumentiert werden, daß Kants Theorie des ästhetischen Urteils in dem Maße nicht zufriedenstellend ist, als das „reine" Urteil nicht auf einen besonderen Gegenstand der Erscheinungen (bzw. einen besonderen phaenomenalen Gegenstand) Bezug nimmt. Durch die Regelleitung durch „innere" Ursachen (Engl.: „second-rule government") bezieht sich die ästhetische Beurteilung auch auf jene Gegenstände, die Produkte im Kopf eines Künstlers sind. Der Anspruch, daß Kant eine „subjektivierte" Version der „Aesthetic Attitude Theory" einführt, kann auf der Basis des Wahrnehmungsbegriffs der Kritik der reinen Vernunft (zuerst

publiziert im Jahre 1781) vertreten werden. Das reflektierende
Urteil fördert die Abstraktion von Kants Vorstellung vom
Erhabenen. Durch diese „Reinheit" des Urteils von partikularen
Inhalten wird jedoch kein Schaden am Gegenstand der
ästhetischen Kontemplation angerichtet. Die Anschauung der
Gegenstände wird von Naturgesetzen geleitet. Sogar wenn das
Erhabene, wie für Kant, per definitionem die Reichweite der
Sinne übersteigt, muß die Kritik nicht unbedingt so scharf sein,
wie die Kritik an einem projizierten Ideal der Natur. Unsere
Unfähigkeit die Proportionen der Natur zu erfassen, mag wohl
die Auffassungsfähigkeit der Sinne übersteigen, ohne daß ein
Ideal der Natur entworfen wird. Schon Edmund Burke sagt über
die emotionale Rückantwort angesichts des Erhabenen: Der
Ozean, z.B., sei kein übersteigertes Ideal der Natur, sondern
übersteigt die Auffassungsfähigkeit der Sinne ganz und gar:

Engl. Orig.: „A level plain of a vast extent on land, is
certainly no mean idea; the prospect of such a plain may be
as extensive as a prospect of the ocean; but can it ever fill
the mind with anything so great as the ocean itself? This is
owing to several causes, but it is owing to none more than
this, that the ocean is the object of no small terror."[11]

Der Ozean erfüllt mich nicht deshalb mit Entsetzen, weil er ein
ästhetisches Objekt ist, sondern weil der Ozean als solcher
Gefahren in sich birgt. Also kann es nicht am Gegenstand
Ozean, der Gefahren in sich birgt, selbst liegen was seine
Erhabenheit ausmacht. Sondern die Kriterien müssen woanders,
im Subjekt, zu suchen sein.

---

[11] *Burke, Edmund: 1970 [1.1757]. A Philosophical Enquiry into the Origin of our Ideas of the Sublime and Beautiful. Menston: The Scolar Press, 97.*

(2.3): „Art Formalism" gibt uns Standards der Kunstbetrachtung an die Hand, die von einer anthropologischen Gegebenheit, der Eigenerfahrung des Beurteilers, ausgehen.

(2.3.1): „Art Formalism" ist eine Theorie aus der Gruppe der kognitiven Ansätze in der Ästhetik. Näherhin kommt es hier auf das Gefühl aus der persönlichen Erfahrung des wahrnehmenden Individuums an. Clive Bell zufolge muß im Formalismus das ästhetische Gefühl eine persönliche Erfahrung aus der Wahrnehmung der Kunst sein: „Aesthetics must be the personal experience of a particular emotion."[12] Einerseits dreht es sich bei der ästhetischen Grunderfahrung nicht um die Erfahrung von Eigenschaften des Kunstgegenstandes selbst. Andererseits wird ästhetische Erfahrung von aller anderen Erfahrung dadurch unterschieden, daß es die Erfahrung von bedeutsamen Formen (Engl.: „significant form") ist. Der Formalismus beschäftigt sich also nicht mit materialer Schönheit, die die tatsächlichen Eigenschaften der Kunst berühren. Die Gegenstände selbst werden vom kunstbegutachtenden Individuum nur als Form wahrgenommen: Es handelt sich um die Wahrnehmung von Formen: „The perception of objects as pure forms." Die Wahrnehmung der bedeutsamen Formen wird von dem Gefühlseindruck des Wahrnehmenden bestimmt und nicht von dem Bild, das wir uns in unserem Vorstellungsvermögen von einem tatsächlichen Kunstgegenstand machen. Nicht der Vorstellungsinhalt, also der äußere Gegenstand als Vorstellung des Kunstbetrachters, bestimmt die ästhetische Qualität,

---

[12] *Bell, Clive: 1913. Art. New York: Frederick A. Stokes Publishing, 6.*

sondern die besondere Qualität des Gefühls, das der

Wahrnehmung folgt. Obwohl eine objektive Verankerung mit

dem Kunstgegenstand in der Außenwelt gegeben ist, weil er die

äußere Ursache der Kunstevaluierung ist, so wird doch der

kognitive Apparat, d.h. das Gemüt des Begutachters und

Schätzers des Schönheitswertes von Kunst, als das eigentlich

Entscheidende für das Urteil über Kunst herangezogen. So ist

der Zugang zu ästhetischem Wert auf diejenigen Individuen

beschränkt, die für die ästhetische Wahrnehmung empfänglich

sind. Der Formalist Clieve Bell sagte in seinem klassischen

Werk mit dem Titel Art, daß das Kriterium des

Schönheitsurteils über Kunst im urteilenden Individuum liegt

und von der Richtigkeit der Einsicht des Urteilenden abhängt:

Engl. Orig.: „The objects that provoke aesthetic emotion

vary with each individual. Aesthetic judgments are, as the

saying goes, matters of taste; [...] about [which] [...] there

is no disputing. A good critic may be able to make me see

in a picture that had left me cold things that I had

overlooked [...]."[13]

Bedeutsame Formen (Engl.: „significant form") können nur

dann vom Individuum wahrgenommen werden, wenn der

Glaube an die Richtigkeit des Urteils aufrecht erhalten bleiben

kann. Die Aufgabe des Formalismus besteht also darin, daß

verschiedene Gefühlsreaktionen, grundverschiedene

Schönheitsurteile an ein und demselben Kunstgegenstand

wahrgenommen werden können. Wenn jedoch die Intention der

Bedeutung des Kunstwerkes, also die vom Künstler intendierte

Bedeutung, eine Rolle spielen muß, muß auch gefragt werden,

---

[13] Bell, Clieve: 1913. Art. New York: Frederick A. Stokes Publishing, 18.

ob nicht eine bestimmte soziale Praxis, eine Übereinkunft des Kunstbeurteilens, wichtig für die Erhaltung des Kunststatus des Gegenstandes als solchem ist.

(2.3.2): Ist die formalistische Kunsttheorie jedoch dann noch logisch kohärent?

(2.3.2.1): „Reines" Gefühl kann gemäß dem formalistischen Ansatz von lebenskontextlichen Gefühlen (Engl.: „real-life emotions") unterschieden werden, die man sich zuzieht oder die man in der alltäglichen Betrachtung von Gegenständen erfährt, unabhängig von ihrem Status als Kunst oder Nicht-Kunst. Der Realismus, den ich hier argumentativ stärken möchte ist der, daß Kunstformalismus nur eine mögliche Theorie des ästhetischen Wertes darstellt. Die Verteidigung dieser Ansicht ernötigt eine Überprüfung des Anspruchs, daß nur das formalistische ästhetische Gefühl die Besonderheit hat den ästhetischen Wert zu bestimmen. Die bedeutsame Form (Engl.: „significant form") müßte ja den Formalisten gemäß die einzige Wahrnehmungsbeziehung zwischen dem Wahrnehmenden und dem Gegenstand der Kunstbetrachtung sein.

Das Problem ist der außerhalb des Bewußtseins gelegene äußere Gegenstand, der mehr wahrgenommene Eigenschaften hat, als der Formalismus wahrhaben will. Die traditionelle Kritik am Formalismus besteht darin, daß die Wahrnehmung der bedeutsamen Form (Engl.: „significant form") auf ein elitäres Verständnis der Wahrnehmung von Gefühlen Bezug nimmt. Wenn jedoch Kunstgegenstände als identifizierbar auf der Basis von Gefühlen verstanden werden müssen, die von gewissen Qualitäten abhängen, so muß diese Abhängigkeit von Qualitäten im Kunstkritizismus von Kunstgegenständen eine Rolle spielen. In Bezug auf die ästhetische Relevanz von realen Qualitäten muß der Formalismus jedoch unentschieden bleiben.

4. Schlußbetrachtung:

Der Philosophieprofessor und Spiritualist Allen Carlson machte

einst in seinen Seminaren auf die drei unreduzierbaren

Elemente der Kunstbetrachtung, die aufeinander wirken,

aufmerksam.

Die Elemente der Kunstbetrachtung sind:

(A) Der Künstler, (B) das Kunstwerk, und (C) der

Kunstbetrachter.

Von unserer Perspektive als endlichen Wesen müssen wir

davon ausgehen, daß es einen inneren Zusammenhang zwischen

den drei Elementen der Kunstbetrachtung gibt. Die Elemente,

die in der Kunst immer aufeinander wirken, sind (a) der

Künstler, (b) der Kunstbetrachter und (c) das Kunstwerk.

Ob es jedoch einen solchen inneren Zusammehang, also

näherhin eine tatsächliche Wechselwirkung zwischen diesen

drei unreduzierbaren Elementen, wirklich gibt, muß im Falle

der Ästhetik der Umwelt eine Frage des Glaubens bleiben.

Wissen werden wir es nie, weil Gott sich tatsächlich von uns

nicht in die Karten sehen läßt. Als gläubige Menschen müssen

wir annehmen, daß das Gebet tatsächlich eine Wirkung hat und

daß die Meditation über Gott und Welt ein wichtiger Baustein

menschlichen Daseins ist.

Schematische Zeichnung (Dreieck aus den drei Elementen):

Gott = Künstler

Schöpfung

Kunstbetrachter= Kunstwerk Meditierender

Sagen läßt sich nur, daß der Kunstbetrachter sowohl den

Künstler selbst wie auch das Werk des Künstlers im Auge

behalten muß und also der ästhetisch Betrachtende seinen Geist

erst richtig weiten und ausrichten muß. Es soll eine meditative

und reflexive Besinnung auf den betrachtenden Menschen und

sein Gegenüber in der Schöpfung geschehen, eine Besinnung

auf sein eigenes Selbstverständnis als Kunstbetrachter, bevor er

im Alltag in seine Umwelt eintaucht und seine tägliche Arbeit

beginnt.

5. Bildnachweise (Bilder sind in text-Versionen ausgelassen) und Bibliographie:

(Bildnachweis für das Titelblatt: Sankt Lambrecht, Steiermark, Österreich. Zeltweg: Verlag Hruby.)

[1] Berleant, Arnold: „Aesthetics and Environment Reconsidered. Reply to Carlson." In: British Journal of Aesthetics. 47, 2007, 315-318.

[2] Bibel, Die. Einheitsübersetzung. Freiburg i. B.: Herder Verlag.

[3] Biblia Hebraica Stuttgartensia. Stuttgart: Deutsche Bibelgesellschaft.

[4] Carlson, A.: Enzyklopädieartikel: „Environmental Aesthetics". In: Routledge Encyclopedia of Philosophy, Hrg. E. Craig. London: Routledge, 2002 (Online: www.rep.routledge.com).

[5] Carlson, A.: Enzyklopädieartikel „Environmental Aesthetics". in: Stanford Encyclopedia of Philosophy (Online: http://plato.stanford.edu/entries/environmental-aesthetics/), (1.2007), 2010.

[6] Hösle, Vittorio: Die Krise der Gegenwart und die Verantwortung der Philosophie. Transzendentalpragmatik, Letztbegründung, Ethik. München: C.H. Beck, 1990.

[7] Hösle, Vittorio: Die Philosophie der ökologischen Krise.
München: C.H. Beck, 1994.

[8] Hösle, Vittorio: Prof. Dr. Vittorio Hösle, Philosoph, im
Gespräch mit Dr. Dieter Lehner. Alpha-Forum. Sendung vom
26.3. 2003. Bayerischer Rundfunk im Online-Angebot
(Online: http://www.br-
online.de/alpha/forum/vor030320030326.shmtl).

[9] Novum Testamentum Latine. Hrg.: Nestle-Aland. Stuttgart:
Deutsche Bibelgesellschaft, 1998.

[10] Regula Benedicti. Die Benediktusregel (lat./dt.).
Herausgegeben im Auftrag der Salzburger Äbtekonferenz.
Beuron: Beuroner Kunstverlag, 1992.

[11] World Book Encyclopedia, Chicago: World Book Verlag, 24
Bde, 1987.

Gen.1.24 im Latein der Vulgata:

„dixitque quoque Deus, 'producat terra
animam viventem in genere suo, [...]'."

Patientia et fides monachorum auxilium
erant in annis multis. Gratias magnas ago.